PREMIERE

Papa a mangé la voisine !

Alain Royer/Nadine Soubrouillard

ROUGE & OR

N° d'Éditeur 10017872
Dépôt légal : septembre 1993
Imprimé en France par Jean-Lamour, 54320 Maxéville
ISBN 2.09.487773 - 6
Conforme à la loi n° 49956 du 16 juillet 1949
sur les publications destinées à la jeunesse

Je m'appelle Julien et mon papa est un ogre.
Lundi, dans l'ascenseur, j'ai rencontré Mme Muche, la voisine du cinquième, avec son petit chien.
Mme Muche est énorme et toujours habillée de mauve.
Elle n'aime pas les enfants, et moi en particulier.

Ce jour-là, son caniche avait fait pipi dans l'ascenseur. Ça fait cinq ans que cet horrible chien aboie en me flairant les mollets.

La concierge a demandé
à Mme Muche si c'était son chien
qui avait sali l'ascenseur.
— Non, a dit la grosse dame.
Ça doit être Julien.

La concierge en colère m'a conseillé
de remettre des couches-culottes.

Le soir, papa lisait un livre sur la fabrication du chocolat. Je l'ai interrompu et je lui ai tout raconté. Il a souri et il a posé son livre. Puis il a levé ses cent kilos de son fauteuil et il est monté à l'étage au-dessus. Il a mangé Mme Muche et son chien. Il a mangé Mme Muche avec sa robe mauve et ses pantoufles, le caniche et son collier.

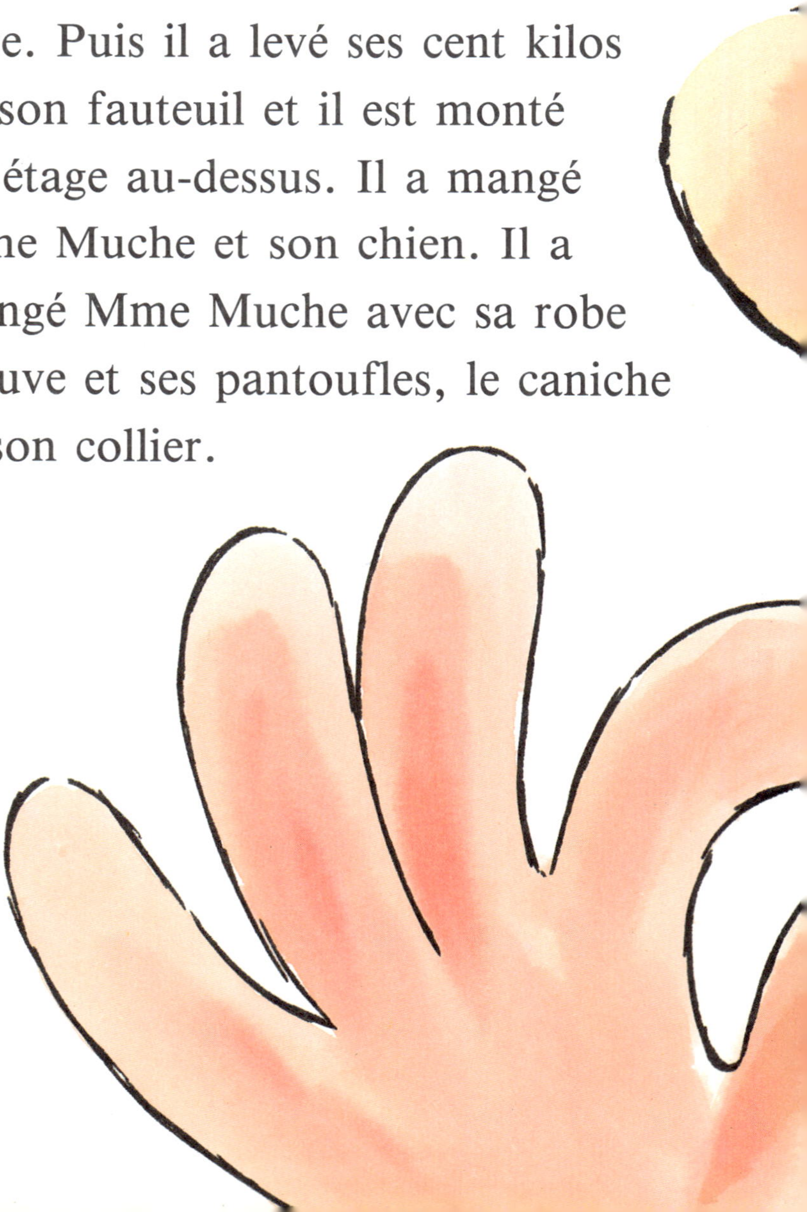

Puis papa est redescendu.
Il a embrassé maman
dans le cou et il a demandé :
— Quand est-ce qu'on dîne ?

Papa me ressemble :
il a toujours faim.

Maman est japonaise. Aussi ai-je les yeux bridés et la peau mate.
Hier, à l'école, Marcel a déclaré :
— C'est moi le chef de la bande !
— Pas d'accord ! ai-je protesté.
C'est pas normal que tu sois toujours le chef.

Normal, j'avais envie
d'être le chef à mon tour.
Marcel est devenu tout rouge
et il s'est mis à crier :
— Toi, la face de citron, on t'a
rien demandé !

Marcel est plus grand et plus fort que moi, il en a profité et m'a tapé dessus. J'ai dit que je le dirais à mon père, mais il s'est mis à ricaner :

— Je m'en moque ! Mon père à moi, il est boxeur et il n'aime pas les étrangers !

Le soir, j'ai surpris papa en train de vider une boîte de chocolats en cachette de maman. Je lui ai tout raconté. Papa m'a donné le dernier chocolat qui restait, puis il est allé chez Marcel. Il l'a mangé, avec son cartable. Puis il a mangé son père et ses gants de boxe.

Quand il est rentré à la maison,
il m'a dit :
— Tu sais, y a pas que des gens méchants !
Papa me ressemble :
il est optimiste !

Le soir, c'est maman qui vient me chercher à l'école. Depuis une semaine, le père de Sophie nous raccompagne à la maison.
J'aime bien Sophie parce qu'elle a très mauvais caractère. Moi aussi.
— C'est comme ton père et moi ! dit maman en riant.

Hier, j'ai remarqué que le papa de Sophie aimait bien maman, et ça, ça ne me plaît pas du tout. D'abord il m'agace, avec son chapeau et son parapluie.

Et puis, quand il rit, on dirait
un vieux cheval et ça m'énerve !
Hier soir, papa était en train
de préparer une crème au chocolat.
Tout à coup, sans trop savoir
pourquoi, je lui ai dit que le papa
de Sophie était amoureux
de maman.

Papa n'a rien dit. Il a fini
sa crème, puis on s'est partagé
la casserole en deux
pour la nettoyer avec l'index.
Papa s'est bien léché le doigt,
puis il m'a demandé,
mine de rien :
— C'est vrai, ça,
que le papa de Sophie
est amoureux de maman ?
— Il n'arrête pas de lui faire
des sourires et de la prendre
par le bras !
Alors papa est allé chez Sophie
et il a mangé son père.
Il a mangé son père,
son chapeau
et son parapluie.
Mais il n'a pas mangé Sophie.

Quand maman a appris
la nouvelle, elle a soupiré :
— Si moi, je devais manger toutes
les dames à qui tu fais les yeux
doux, il n'y aurait plus que
des hommes dans le quartier !
Maman est comme moi,
quand elle parle de papa,
elle exagère toujours un peu.

Souvent papa rentre le soir à la maison très en colère. Pour se calmer, il mange sept tablettes de chocolat. Pourquoi papa est-il en colère ? Parce que son patron s'est encore endormi au bureau.

Il paraît que son patron passe son temps à manger et à dormir pendant que papa travaille.

— Tu n'as qu'à changer de patron ! conseille maman.

— Tu ne comprends pas ! crie alors papa, de plus en plus en colère.

Et ils se disputent pendant tout
le dîner. Moi, ça me coupe l'appétit.

Ce matin, papa avait la grippe.
Il n'est pas allé au bureau, pestant que son patron allait en profiter pour dormir toute la journée.

Alors, moi, je suis allé au bureau de papa et j'ai mangé son patron. Mais j'ai laissé les chaussures et la cravate, parce que je n'avais plus faim.

Évidemment, après, j'ai eu une indigestion. Mon estomac est beaucoup moins gros que celui de papa. Le soir, quand je lui ai tout raconté, papa m'a pris dans ses bras et a dit à maman :

— Ça fait plaisir de voir que mon fils me ressemble.

— Hélas ! a soupiré maman.

Bon, d'accord, j'ai un peu inventé !

C'est la faute de la maîtresse. Elle nous a donné comme sujet de rédaction : « Racontez ce que votre papa fait le soir en rentrant de son travail. »
Alors moi, j'ai exagéré… mais pas tellement !

Papa dévore comme un ogre !
Même s'il n'a jamais mangé
personne. Ni moi non plus,
d'ailleurs ! Et pourtant,
il y a des fois où je me dis
que c'est vraiment dommage !

ALAIN ROYER

Alain Royer s'ennuyait en enseignant la grammaire, alors il a produit des dessins animés. Il en écrivait lui-même les scénarios, parce qu'on n'est jamais si bien servi que par soi-même. Il affirme d'ailleurs qu'il n'y a que les enfants qui ne l'énervent jamais (nous, on demande à voir).

NADINE SOUBROUILLARD

A fait ses classes d'illustratrice à l'École des Arts décoratifs de Strasbourg, puis s'est lancée dans la publicité.
Mais elle préfère illustrer des livres d'enfant. Elle aime inventer des histoires magiques pour sa petite fille et vit à Strasbourg.